AF312935

EXPOSÉ

DE LA RÉCEPTION

DE M. HENRI NOUGUIER

AU BARREAU DES AVOCATS AUX CONSEILS DU ROI
ET A LA COUR DE CASSATION.

EXPOSÉ

DE

MA RÉCEPTION AU BARREAU DES AVOCATS

AUX CONSEILS DU ROI ET DE LA COUR DE CASSATION

ET

RÉDUIT AUX PIÈCES SEULES

classées dans leur ordre chronologique.

Quand j'ai soutenu mon droit devant la Cour de cassation, je n'ai pas voulu publier les notes que j'ai rédigées, parce qu'il s'agissait de questions qui touchaient à l'organisation intérieure de la corporation dans laquelle je viens d'entrer.

J'ai gardé également le silence pendant qu'une partie de la presse politique s'occupait de ma nomination comme avocat aux Conseils du roi et à la Cour de cassation, et livrait aux irritations de la polémique des faits et des actes qui n'auraient pas dû sortir du Conseil de l'ordre et de la chancellerie.

Mais, par cela même que je me suis abstenu et que je m'abstiens encore, je dois à la haute Cour qui m'a honoré de son suffrage, aux hommes éminens dont j'ai reçu de flatteurs témoignages d'estime ; enfin, je me dois à moi-même de recueillir et de reproduire les actes officiels qui ont établi et fait prévaloir mes droits. Ces documens, que n'accompagne aucune récrimination, suffiront pour faire connaître toute la vérité.

1848

PIÈCE N° 1.

— 30 AOUT 1826. — Diplôme de licencié en droit, délivré à Paris, visé pour admission au serment, le 11 novembre 1826, visé pour admission au stage, à la date du 18 janvier 1827.

PIÈCE N° 2.

CERTIFICAT RELATIF AU STAGE.

Conseil de discipline de l'ordre des avocats à la Cour Royale de Paris.

Nous soussignés, bâtonnier et Secrétaire du Conseil de l'Ordre des Avocats à la cour royale de Paris, certifions que M. Nouguier (Jean-Henri-Michel) a été admis au stage près ladite cour, à la date du dix-huit janvier mil huit cent vingt-sept, et que depuis cette époque jusqu'au dix-huit janvier mil huit cent trente, il n'a cessé de faire partie de l'Ordre comme avocat stagiaire.

Délivré à Paris, le quinze décembre mil huit cent quarante et un.

Le bâtonnier de l'Ordre, — signé : MARIE. — Le secrétaire du conseil, — signé : ADRIEN BENOÎT.

PIÈCE N° 3.

Deux pièces relatives à mon admission comme agréé au Tribunal de Commerce de la Seine, laquelle a eu lieu le 26 novembre 1829.

Chambre des Agréés.

EXTRAIT DU REGISTRE DES DÉLIBÉRATIONS DE LA CHAMBRE DE MM. LES AGRÉÉS DU TRIBUNAL DE COMMERCE DE LA SEINE.

Séance du 28 octobre 1829.

Les membres de la Chambre réunis dans le cabinet de M⁰ Badin, président.

Ledit M⁰ Badin a invité la Chambre à s'occuper de l'objet relatif à la requête qui lui a été présentée le 7 de ce mois par M⁰ Durand et par M⁰ Jean-Henri-Michel Nouguier fils, avocat, demeurant à Paris, rue de la Sourdière, n. 27, tendant à obtenir le consentement de la Chambre et à ce que mondit sieur Nouguier fût admis par le tribunal de Commerce de Paris, en qualité d'agréé, en remplacement de M⁰ Durand, démissionnaire.

Vu 1° la requête ci-dessus énoncée,

2° l'acte de naissance de M. Nouguier,

3° le certificat délivré par M⁰ Montigny, avoué,

Considérant que les renseignemens pris sur la moralité et la capacité du candidat ont été favorables, et qu'aucun des agréés, dûment prévenus de la demande de M. Nouguier, n'a fait connaître de motifs contre son admission,

Après avoir entendu le rapport verbal de M⁰ Terré, et en avoir délibéré, la Chambre donne son consentement à ce que M⁰ Nouguier soit admis au nombre des agréés, en remplacement de M⁰ Durand, à charge par mondit sieur Nouguier de se pourvoir devant le tribunal pour obtenir son agrément, conformément à l'article 5 de son arrêté du 21 décembre 1809.

Une expédition de la présente délibération sera délivrée à M. Nouguier pour lui servir et valoir ce que de droit,

Signé : BADIN, TERRÉ et LOCARD.

PIÈCE N° 4.

Département de la Seine.

Paris, le 20 octobre 1829.

Le Président du Tribunal de Commerce de Paris, chevalier de la Légion-d'Honneur.

A MONSIEUR SANSON. DAVILLIER.

Mon cher collègue,

J'ai l'honneur de vous informer que je vous ai nommé, conjointement avec MM. Ganneron et Gisquet, membre d'une commission chargée de prendre des renseignemens sur la *moralité*, les *capacités* et *moyens de solvabilité* du sieur Nouguier (Jean-Henri-Michel), avocat, demeurant rue de la Sourdière, n° 27, lequel sollicite son admission dans la compagnie des agréés près le Tribunal, en remplacement du sieur Durand, démissionnaire en sa faveur.

Agréez, je vous prie, etc.

Signé : R. VASSAL.

Le 29 août 1829, j'avais traité avec mon prédécesseur, M. Durand.

Le 29 septembre 1829, je m'étais associé, comme presque tous les agréés, un collaborateur extrêmement honorable.

Le 26 novembre 1829, le tribunal, en assemblée générale, examen fait de mon traité et de mon association, m'avait installé.

Le 1er novembre 1835, mon association a cessé d'un commun accord, et depuis long-temps j'ai désintéressé mon associé.

Le 7 mars 1842, près de treize ans après, j'ai cédé mon cabinet d'agréé à M. Lan, avoué à la Cour Royale de Paris, à un prix supérieur de près d'un tiers au prix d'acquisition, à raison de la plus-value que j'avais donnée à ce cabinet.

Le 3 août 1842, mon successeur, M. Lan, a été installé.

Je ne fais qu'énoncer ces pièces, qui ont toutes été remises à M. le Garde des sceaux, mais dont la copie serait ici superflue.

PIÈCE N° 5.

Pièces relatives à mon admission à un stage supplémentaire et plus tard au tableau des avocats près la cour royale de Montpellier.

Montpellier, le 12 août 1842.

A MESSIEURS LES BATONNIER ET MEMBRES DU CONSEIL DE L'ORDRE DES AVOCATS PRÈS LA COUR ROYALE DE MONTPELLIER.

Messieurs,

J'ai l'honneur de vous présenter ma demande à fin d'admission, soit au tableau de votre Ordre, soit au stage pendant un délai complémentaire de cinquante-trois jours au moins, dans les circonstances suivantes, que je dois complétement vous faire connaître.

J'ai été admis au stage, comme avocat près la Cour royale de Paris, à la date du 18 janvier 1827 : le certificat, qui m'a été délivré le 15 décembre par MM. les bâtonnier et secrétaire du Conseil de cet ordre, constate que ce stage s'est continué sans interruption jusqu'au 18 janvier 1830. D'une autre part, je dois vous indiquer, dans ma loyauté, que le 26 novembre 1829 j'ai été admis par le Tribunal de commerce de la Seine, suivant délibération de ce Tribunal, et après serment prêté en sa Chambre du Conseil, aux fonctions d'agréé. Ces fonctions, je les ai cessées le 3 août courant, ainsi qu'il résulte d'un certificat délivré par le greffier du Tribunal.

C'est en cet état de choses que je me présente, et que je m'en rapporte devant vous à justice, soit pour être admis dès à présent à votre tableau, soit pour faire préalablement un stage de cinquante-trois jours, intervalle entre la date de mon admission comme agréé et le jour d'expiration des trois ans de stage comme avocat.

Veuillez agréer, etc.　　　　　　　　　　　　　　Signé : HENRI NOUGUIER.

PIÈCE Nº 6.
13 août 1842.

L'an mil huit cent quarante-deux et le treize août, à trois heures après midi, le Conseil de discipline s'est réuni dans la salle de la Bibliothèque : présens, MM. Bertrand, bâtonnier ; Grenier, Charles. Durand, Vernhettes, Glises et Daudé de Lavalette.

M. le bâtonnier donne lecture de la lettre suivante à lui adressée par M. Henri Nouguier.

(Suit le texte de la lettre qui précède.)

Le conseil, invité par M. le bâtonnier à délibérer sur le contenu de cette lettre, — Vu les pièces y jointes, — Considérant que le pétitionnaire n'a pu utilement continuer son stage devant la Cour royale de Paris pendant qu'il remplissait les fonctions d'agréé au Tribunal de commerce ; qu'il ne peut donc en l'état être admis qu'à continuer son stage devant la Cour, — Arrête que ledit Mᵉ Nouguier (Jean-Henri-Michel), né à Montpellier le 23 juin 1805, et pourvu du diplôme de licencié en droit le 2 septembre 1825, figurera au nombre des avocats stagiaires, et déclare au surplus qu'au mois de novembre prochain il sera en droit de se faire porter au tableau des avocats près la Cour royale, et plus n'a été délibéré.

Signé : BERTRAND, bâtonnier ; DAUDÉ DE LAVALETTE, GLISES
VERNHETTES, GRENIER, DURAND, BÉDARRIDES.

Certifié conforme aux minutes déposées aux archives le 21 novembre 1842.

Le secrétaire du Conseil de l'Ordre,

Signé : LAISSAC.

PIÈCE Nº 7.

Le bâtonnier de l'Ordre des avocats près la Cour royale de Montpellier et le secrétaire du Conseil du même Ordre certifient que, par délibération dudit Conseil, en date de ce jour, M. Jean-Henri-Michel Nouguier a été inscrit au tableau de l'Ordre des avocats près la Cour comme ayant terminé le stage complémentaire auquel il avait été précédemment admis. Ils certifient en outre qu'il a plaidé pendant ledit stage, et qu'il n'a jamais été élevé de reproche sur sa moralité et sa délicatesse.

Montpellier, le 5 novembre 1842.

Signé : BERTRAND, bâtonnier ; signé : DAUDÉ DE LAVALETTE, avocat.

PIÈCE Nº 8.

Montpellier, le 14 décembre 1842.

Monsieur et confrère,

Permettez-moi, en répondant à la lettre que vous m'avez fait l'honneur de m'écrire, de vous exprimer avant tout les regrets que votre départ à laissés parmi nous. Votre confraternité ne nous a donné que très peu de temps ; elle nous était déjà précieuse.

Comme bâtonnier de l'ordre, j'ai présidé à la délibération qui vous admit à faire un stage supplémentaire, et à celle qui vous a fait passer au tableau. Je sais que vous avez plaidé avec beaucoup de distinction une question d'état. Je vous ai vu fréquenter assidûment nos audiences. Nous pensions généralement que votre intention était de rester parmi nous, et je sais que vous y avez été fortement engagé par quelques uns de nos avoués, qui, vous connaissant déjà de réputation, avaient pu apprécier par eux-mêmes votre mérite. Et, pour mon compte, je suis resté convaincu que vous auriez pris en peu de temps une position considérable au barreau de Montpellier, si d'autres desseins ne vous avaient éloigné de nous. Dans vos rapports avec nos confrères et quelques-uns de nos premiers magistrats, vous avez su faire apprécier une urbanité toujours égale de langage et de caractère, et comme moi tous vous ont regretté.

Quelques objections furent faites lors de votre admission au complément de stage, à raison d'un prétendu usage établi depuis quelque temps au barreau de Paris ; mais, après examen, nous n'avons rien trouvé de sérieux dans les motifs qui peuvent avoir déterminé nos confrères parisiens à prendre, à l'égard des anciens agréés, des mesures qu'aucune considération ne justifie.

Comme bâtonnier, je reçus votre visite ; je n'avais pas l'honneur de vous connaître. Je n'habite Montpellier que depuis 1830, et j'ai ouï dire que vous n'y étiez pas revenu depuis 20 années. J'ai su que vous ne connaissiez aucun membre du Conseil qui devait s'occuper de votre demande, et qu'aucun ne fut par vous visité ni sollicité lors de votre double admission.

Enfin, monsieur et confrère, ce n'est qu'après votre stage accompli, et en novembre dernier, à mon retour des vacances, que vous m'avez fait part de votre intention de vous pourvoir d'un office d'avocat aux Conseils, et je sais que vous n'avez ouvert aucune relation avec notre barreau en vue de cette qualité. Vos relations à Montpellier se sont renfermées dans un cercle d'amis, et je n'ai dû qu'à ma qualité de bâtonnier d'y être associé moi-même.

En rendant témoignage de tous les faits ci-dessus, j'acquitte un devoir de conscience et de loyauté. Je le fais avec autant d'empressement que de plaisir, à raison de l'estime particulière que vous m'avez inspirée.

Agréez, etc.   *Signé* : BERTRAND, ancien bâtonnier.

20 NOVEMBRE 1842.—Traité d'achat de mon office d'avocat aux Conseils du Roi et à la Cour de cassation, au moindre prix (50,000 fr.), comme titre nu, et que j'ai acquis avec la confiance de lui donner une plus grande valeur par mon travail.

Immédiatement après, requête par moi présentée au Conseil de l'Ordre, dans les termes d'usage, tendant à ce que, le candidat *espérant réunir, sous le rapport de la moralité comme sous celui de la capacité, les qualités requises par les lois et par les réglemens, pour être admis dans l'Ordre, on lui accorde le certificat d'admission nécessaire pour qu'il puisse solliciter près la Cour de cassation d'être présenté à S. M.*

1ᵉʳ DÉCEMBRE 1842. — Délibération prise sans m'avoir entendu, *sans m'avoir même appelé*, et dans laquelle, après avoir *fait réserve de l'inadmissibilité absolue et permanente qui résultait de l'exercice précédent des fonctions d'agréé près un Tribunal de commerce*, on déclare, sans avoir égard à ma qualité d'avocat inscrit au tableau d'une Cour royale, mon stage irrégulier ; on décide qu'il n'y a lieu de m'admettre à subir les épreuves qui, aux termes des réglemens, doivent précéder l'admittatur.

29 DÉCEMBRE 1842. — Seconde délibération, qui, après mes explications devant le Conseil de l'Ordre, confirme la première.

Requête par moi présentée à la Cour de cassation suivant les formes d'usage, pour, *nonobstant ces deux délibérations contraires, obtenir son agrément pour*

*que je me présente à S. M. à l'effet d'être nommé avocat aux Conseils du Roi et
à la Cour de cassation.*

C'est ici que se placent les notes remises par moi à la Cour, sur les questions
de légalité. Comme ces questions ne sont plus en débat, il serait superflu de
publier ici ces notes et les deux délibérations qu'elles réfutent.

PIÈCE N° 9.

Extrait d'une circulaire que j'ai adressée à la Cour de cassation l'avant-veille de sa délibération.

Si, comme je l'espère, la Cour n'éprouve pas de doute sur la question de légalité, je me crois autorisé à penser qu'elle en éprouvera encore moins quant à la moralité et à la capacité. Les pièces que j'ai fait passer sous les yeux du Conseil de l'ordre,
et qui sont en ce moment dans les mains de la Cour, sont décisives à cet égard. Mes
titres sont :

Des lettres fort expressives de deux notables Présidens du tribunal de Commerce de
la Seine ;

Une lettre de M. le comte d'Argout, Gouverneur de la Banque de France, dont j'ai
été l'agréé, comme des autres administrations publiques et des notabilités de la Banque et du Commerce ;

La lettre de l'honorable bâtonnier des Avocats près la Cour royale de Montpellier ;

Des lettres d'avis des Juges de paix de Paris, me faisant l'honneur de me choisir
dans le barreau consulaire pour les aider dans l'administration de la Justice ;

L'accroissement de mon cabinet d'agréé, l'un des derniers quand je l'ai pris, l'un
des premiers quand je l'ai quitté ;

L'absence de toute plainte disciplinaire pendant treize ans de carrière ;

Les regrets que M. le Président actuel du tribunal de Commerce m'a exprimés en
assemblée générale de la part de tous ses collègues et de la sienne, lors de la présentation de mon successeur ;

En dernier lieu, ma parenté ; je ne la rappelle que pour dire que j'ai dû songer à
n'en pas déchoir.

La Cour voudra bien enfin prendre en considération, je l'espère, que mon prédécesseur, sans parler de moi, attend depuis quatre mois son remplacement, entravé par
des circonstances inouïes.

Je réitère à la Cour l'expression de mon profond respect.

Signé H. Nouguier.

11 mars 1845.

---

13 MARS 1843. — Délibération de toutes les Chambres réunies de la Cour
de Cassation, qui, *à la presque unanimité*, m'admet et m'autorise à poursuivre ma présentation (1).

---

(1) Depuis la loi de 1816, les cours et tribunaux ne présentent plus le candidat à la nomination royale. C'est le prédécesseur qui présente le successeur.

PIÈCE N° 10.—

Paris, le 22 mars 1843.

LE SECRÉTAIRE-TRÉSORIER DU CONSEIL DE L'ORDRE DES AVOCATS AUX CONSEILS DU ROI ET A LA COUR DE CASSATION A M. HENRI NOUGUIER.

Monsieur,

Le Conseil de l'Ordre des avocats aux Conseils du roi et à la cour de Cassation, auquel M. le Procureur général a fait le renvoi des pièces qui vous concernent, me charge de vous informer que vous aurez à vous présenter devant Me Dupont-White (rue du Bac, 33), membre du Conseil, nommé rapporteur, qui vous donnera les indications relatives aux épreuves de moralité et de capacité auxquelles vous soumettent les réglemens.

Le Conseil a fixé au jeudi, 6 avril prochain, le jour où vous devrez subir devant lui ces épreuves.

Agréez, etc.

Signé, DE VERDIÈRE.

PIÈCE N° 11.

A M. LE PROCUREUR GÉNÉRAL.

Monsieur le procureur général,

J'ai reçu hier du Conseil de l'ordre des avocats près la cour de Cassation une lettre par laquelle il me fait connaitre que vous lui avez renvoyé le dossier concernant ma demande d'admission, en l'invitant à me faire subir les épreuves de capacité et de moralité, pour lesquelles épreuves il m'ajourne au 6 avril prochain.

J'avais déjà regretté vivement votre absence à la délibération du 13 mars; le malentendu actuel me la fait regretter bien plus vivement encore. J'avoue cependant que je m'explique difficilement ce malentendu en présence d'une délibération dont le dispositif formel porte que je poursuivrai ma nomination auprès de sa majesté. N'est-ce pas là la décision la plus complète, et ne dit-elle pas nettement que j'ai satisfait à toutes les exigences, et rempli toutes les conditions intermédiaires voulues?

Au surplus, et pour ne pas me borner à mes idées personnelles à ce sujet, j'ai eu l'honneur de visiter hier, et ce matin, M. le premier président et M. le conseiller-rapporteur; et, s'il y a un fait certain, c'est que *toutes les questions ont été posées à la cour*, qui, ne rendant pas d'arrêt motivé, ne peut formuler autrement qu'elle ne l'a fait l'admission du candidat au droit de poursuivre sa nomination auprès du roi.

Il me serait facile d'obtenir un arrêt d'interprétation, mais j'aime mieux devoir le même résultat, sous une forme plus simple, à votre bienveillance et à votre justice plus exactement renseignées, et ne pas distraire de nouveau la Cour de ses occupations ordinaires, pour l'entretenir de cette affaire dans une autre assemblée générale.

J'espère donc que vous voudrez bien, monsieur le Procureur général, revenir sur la mesure que vous avez prise, retirer les pièces d'entre les mains du Conseil de l'ordre; et les adresser au ministre de la justice, dont j'attends depuis long-temps mon investiture. Ce sera un hommage rendu à la cour, et une dette nouvelle imposée à ma respectueuse reconnaissance.

J'ai l'honneur, etc.

Signé, HENRI NOUGUIER.

Paris, le 24 mars 1843.

PIÈCE N° 12.

Sub lege libertas.

LE PROCUREUR GÉNÉRAL PRÈS LA COUR DE CASSATION, A M. HENRI NOUGUIER,
AVOCAT (1).

Monsieur,

En transmettant au Conseil de l'ordre, *sur sa demande*, les pièces relatives à votre poursuite de présentation comme avocat à la cour, pour qu'il *soit procédé ainsi que de droit*, je n'ai pas entendu *rien préjuger* : si, contrairement à ce que soutient le Conseil, vous pensez avoir satisfait à tout ce que les réglemens exigent des candidats, il vous suffira de le déclarer au Conseil ; sur le vu de cette déclaration, je ferai ensuite ce qu'il appartiendra.

J'ai l'honneur, etc.

Signé, DUPIN.

PIÈCE N° 13.

A MESSIEURS LES PRÉSIDENT ET MEMBRES DU CONSEIL DE L'ORDRE DES AVOCATS AUX
CONSEILS DU ROI ET A LA COUR DE CASSATION.

Messieurs,

J'ai reçu la lettre par laquelle monsieur votre secrétaire m'invite, en votre nom, à me rendre au sein du Conseil de l'ordre, le 6 avril prochain.

Si je satisfaisais à cette demande, je croirais marquer mon premier pas auprès de la Cour Suprême par un acte d'irrévérence envers elle et contre une délibération de ses chambres assemblées. Je vous transmets, à la suite de cette lettre, copie de celle que j'ai eu l'honneur d'écrire à monsieur le procureur général, et copie de sa réponse. Conformément à cette réponse, *il me suffit* de vous déclarer que, suivant ce qui résulte de l'arrêt de la Cour, j'ai satisfait à tout ce que les réglemens exigent des candidats, et que dès lors je ne me rendrai pas le 6 avril à l'ajournement que vous m'indiquez. Vous pouvez, sans attendre ce jour-là, enregistrer dès aujourd'hui mon refus, c'est-à-dire mon respect pour les décisions de la Cour.

Mais aussi vous devez dès à présent, Messieurs, renvoyer à M. le procureur général toutes les pièces de l'affaire, afin qu'elles reçoivent le cours qui leur appartient, après une délibération d'admission d'un candidat (2). En cas de refus, je me verrai obligé, avec un vif regret, de me pourvoir devant qui de droit pour que la justice qui m'est due reçoive son accomplissement.

P. S. Permettez-moi, Messieurs, de vous exprimer le désir de voir cesser immédiatement et le conflit que votre démarche a fait naître momentanément, et celui qui existe entre nous, et contre lequel protestent les sentimens de bonne confraternité dont témoigne ma visite récente à monsieur votre Président.

---

(1) Les mots en caractères italiques sont soulignés dans la lettre de M. le procureur général.

(2) Extrait des instructions imprimées du conseil de l'Ordre. — « Le greffier en chef » dépose expédition de cet arrêté et toutes les pièces sur lesquelles il a été rendu, au parquet » de M. le procureur général, *qui transmet le tout à M. le garde des sceaux.* »

Série de pièces relatives à l'exercice de mon ancienne profession d'agréé, et à la question morale,

PIÈCE N° 14.

Paris, le 20 avril 1842.

A MONSIEUR HENRI NOUGUIER, AVOCAT.

Par la lettre que vous m'avez adressée le 14 de ce mois, Monsieur, vous me faites connaître que vous vous présentez dans ce moment pour vous faire recevoir comme avocat aux Conseils du Roi et à la Cour de Cassation, et vous exprimez le désir de pouvoir joindre mon témoignage aux attestations que vous avez déjà obtenues de plusieurs administrations publiques et de la magistrature consulaire sur la manière dont vous avez rempli vos fonctions près le Tribunal de commerce de la Seine.

Je me plais à reconnaître, Monsieur, d'après le compte que m'en a rendu M. le Directeur du contentieux des finances, que, pendant votre long exercice comme agréé du Trésor près le Tribunal de commerce du département de la Seine, vous avez constamment fait preuve de zèle, de capacité et de dévoûment aux graves intérêts qui vous étaient confiés.

Je désire que ce témoignage de satisfaction ajoute aux autres titres qui vous rendent digne d'entrer dans la compagnie des avocats aux Conseils du Roi et à la Cour de Cassation.

J'ai l'honneur, etc.

Le Ministre secrétaire d'État des finances,
Signé : LAPLAGNE.

PIÈCE N° 15.

Paris, le 10 mars 1843.

LE GOUVERNEUR DE LA BANQUE DE FRANCE A MONSIEUR NOUGUIER, AVOCAT A PARIS.

Vous me demandez, Monsieur, de reconnaître par écrit quelle a été la nature de vos relations avec la Banque, en votre qualité d'agréé au Tribunal de commerce. Je saisis avec empressement cette occasion de déclarer que, pendant les treize années que vous lui avez consacré vos soins, la Banque n'a eu qu'à se louer à votre égard d'un zèle, d'une probité et d'une capacité qui ne se sont jamais démentis. S'il y a justice à elle de porter un pareil jugement, c'est pour moi une vive satisfaction d'avoir à vous l'exprimer, et d'être ici l'interprète d'une opinion aussi honorable que généralement partagée.

Recevez, etc.

Signé : Comte D'ARGOUT.

Lettres de tous les présidens successifs du Tribunal de Commerce de la Seine.

PIÈCE N° 16.

Paris, 14 décembre 1842.

Je me fais un véritable plaisir d'attester que, pendant tout le temps que j'ai été juge ou président du Tribunal de Commerce, je n'ai eu qu'à me féliciter de mes rapports avec M. Henri Nouguier, avocat, agréé près ce tribunal.

J'ai remarqué en lui beaucoup de zèle et d'intelligence dans sa manière de défendre les intérêts qui lui étaient confiés, beaucoup de probité dans ses plaidoiries et beaucoup d'exactitude dans l'exécution des réglemens auxquels il s'était soumis comme agréé vis-à-vis de ses collègues. Je me plais donc, je le répète, à lui donner le présent témoignage de ma haute estime.

Signé : H. GANNERON,
Député et membre du Conseil général de la Seine.

PIÈCE N° 17.

Paris, 15 décembre 1842.

A MONSIEUR HENRI NOUGUIER, AVOCAT, rue Caumartin, n. 2.

Monsieur,

J'apprends avec regret pour les justiciables du Tribunal de Commerce, que vous avez cédé votre office d'agréé. La conscience avec laquelle vous avez exercé cette profession vous aura sans doute déterminé à rechercher soigneusement dans votre successeur les qualités qui vous ont mérité l'estime et la confiance du Tribunal, celle de mes honorables prédécesseurs et la mienne.

Je vous souhaite sincèrement, monsieur, dans la nouvelle carrière que vous vous proposez de suivre, le succès que méritent votre talent et votre instruction, et surtout la loyauté de votre caractère, que j'ai eu occasion d'apprécier et dont j'ai souvent usé avec empressement pour vous charger de la défense de pauvres justiciables.

Je pense qu'après quelques mois de service auprès de la Cour, vous aurez le bonheur d'obtenir l'honorable confiance de Messieurs.

Croyez-moi bien constamment et bien sincèrement, monsieur, votre affectionné serviteur.

Signé: PEPIN LEHALLEUR,
Ancien président du Tribunal de Commerce de la Seine.

PIÈCE N° 18.

Paris, 22 avril 1847.

A MONSIEUR HENRI NOUGUIER, AVOCAT, rue Caumartin, n. 2.

Monsieur,

De retour d'un petit voyage que j'ai fait la semaine dernière, j'ai trouvé en rentrant votre lettre du 19 courant. C'est le motif du retard apporté à ma réponse. Je me plais, monsieur, à vous rendre la justice qui vous est due, et à déclarer que, pendant tout le temps que j'ai été membre et président du Tribunal du Commerce, je n'ai eu qu'à me louer des rapports que j'ai entretenus avec les membres de la compagnie des agréés dout vous faisiez partie, et de vous en particulier.

Je n'ai donc qu'un témoignage flatteur à exprimer sur votre compte, tant sous le rapport de la moralité que de la capacité.

Je désire que ce témoignage puisse vous être aussi utile qu'il est sincère, et vous prie d'agréer, etc.

Signé : J. MICHEL,
Ancien président du Tribunal de Commerce de la Seine.

PIÈCE N° 19.

A M. HENRI NOUGUIER, rue Caumartin, n. 2.

Monsieur,

En m'apprenant que vous aviez quitté le barreau du tribunal de commerce de Paris, vous avez témoigné le désir que je vous fisse connaître l'opinion que j'avais conservée de mes rapports avec vous pendant les quatre années que j'ai eu l'honneur de présider le tribunal.

J'accède d'autant plus volontiers à ce désir que je peux dire avec vérité que ces rapports ont toujours été fort convenables, qu'aucune plainte grave et fondée ne s'est, à ma connaissance, élevée contre vous pendant ce temps, et que dans vos fonctions d'agréé, où vous étiez fort occupé, il me paraît que vos nombreux cliens ont dû avoir à s'applaudir de vos soins.

Recevez, etc.,

Signé AUBÉ,
Ancien président du tribunal de commerce,
membre du conseil général de la Seine.

Le nom de M. Aubé avait été constamment invoqué auprès de M. le Garde des sceaux comme l'autorité sur laquelle on espérait fonder les récriminations élevées contre moi. Une explication était nécessaire ; elle a eu lieu et se trouve résumée dans l'annexe que M. Aubé a ajoutée à sa lettre, et que voici :

Paris, 15 avril 1843.

Vous désirez que j'éclaircisse deux mots qui auraient donné lieu à de fausses interprétations : cela me paraît peu nécessaire; cette lettre me semble assez claire pour n'avoir pas besoin de commentaire; néanmoins, je ne fais pas difficulté de déclarer que ces mots : *aucune plainte grave et fondée* signifiaient, dans ma pensée, qu'aucune plainte fondée ne s'est élevée contre votre probité. Les réclamations dont vous auriez été l'objet n'auraient porté que sur les retards qu'auraient éprouvés quelques affaires, et sur des exigences trop fortes d'honoraires; et, à ce sujet, j'aime à reconnaître que vous n'avez jamais hésité à vous rendre à mes représentations.

PIÈCE N° 20.

Paris, le 24 mai 1843.

A MESSIEURS LES PRÉSIDENT ET MEMBRES DU TRIBUNAL DE COMMERCE DE LA SEINE.

Messieurs,

La Cour de Cassation, nonobstant deux délibérations du Conseil de l'Ordre de ses avocats qui me contestaient les qualités de stage et de légalité, notamment à raison de ma précédente profession d'agréé, m'a admis par délibération de ses Chambres assemblées et à la presque unanimité. On a depuis lors insinué que j'avais essuyé de la part du Tribunal de Commerce de la Seine le refus d'un certificat que j'avais demandé.

C'est une bien fatale conséquence, Messieurs, du scrupule, honorable sans doute, qui vous a fait penser que votre président devait s'abstenir de la délivrance de tous certificats. Vous l'avez, il est vrai, autorisé, ainsi qu'il a bien voulu me le dire, à déclarer verbalement à M. le Garde des sceaux, ou à toute autre personne chargée d'une mission dans cette affaire, la vérité des faits sur lesquels j'avais demandé votre respectable attestation. Fort de la notoriété en ma faveur, je me suis abstenu de demander à monsieur votre président la faveur de cette démarche, prise sur ses momens précieux.

Je viens, Messieurs, vous prier de réparer le coup fâcheux que votre exacte observation des formes m'a porté. Je joins sous ce pli la lettre que j'ai eu l'honneur d'adresser, à ce sujet, à votre honorable Président, et je vous prie instamment de prendre une délibération par laquelle, faisant droit à ma demande, vous voudrez bien (ce qui n'est pas, remarquez-le, un certificat proprement dit) déclarer vrai, ou autoriser monsieur votre Président à déclarer vrai, par une lettre qu'il m'adressera, que, lors de la présentation de mon successeur à l'assemblée générale, il m'a témoigné, en son nom et au nom du Tribunal, tous les regrets du Tribunal sur ma retraite prématurée, et sa confiance en mes succès dans la nouvelle carrière où j'allais entrer. Je rappelle à vos souvenirs et à ceux de messieurs vos collègues que ces derniers mots de monsieur votre Président excitèrent la curiosité, et, sur ce qui fut dit du projet que je réalise aujourd'hui, plusieurs de vous voulurent bien me féliciter.

Messieurs, j'ai accompli au Tribunal de Commerce de la Seine un exercice de treize années, et je suis sorti heureusement de cette épreuve, plus difficile encore pour moi que pour tout autre, par suite de circonstances intérieures qui vous sont connues. Tous les anciens présidens, MM. Ganneron, Aubé, Michel et Pépin-Lehalleur m'ont écrit des lettres qui sont de véritables titres. C'est leur unanimité et l'absence d'attestation de la part du Tribunal actuel qui ont formé une lacune dont on a voulu tirer parti.

J'attends, Messieurs, la justice et la faveur que je sollicite de vous. Mon avenir tout entier en dépend ; vous ne le mettrez pas en balance avec l'observation de formes que rien ne vous impose ; et la manifestation d'un Tribunal qui a été si bienveillant pour moi, et où je retrouve des noms que j'honore et que j'affectionne respectueusement, ne me fera pas défaut dans cette circonstance solennelle de ma vie.

J'ai l'honneur, etc.,

Signé HENRI NOUGUIER.

PIÈCE N° 21.

Département de la Seine,   Paris, 26 mai 1843.

LE PRÉSIDENT DU TRIBUNAL DE COMMERCE DE PARIS A M. HENRI NOUGUIER, AVOCAT,
rue Caumartin, n. 2.

Monsieur,

J'ai donné connaissance de votre lettre au tribunal assemblé, et je m'empresse de vous répondre.

Si l'attestation que vous avez demandée lorsque vous avez résigné vos fonctions d'agréé ne vous a pas été délivrée, c'est que le tribunal n'est pas dans l'usage de délibérer sur de pareilles matières. Il n'avait alors, et il n'a aujourd'ui aucune autre raison de vous la refuser ; puisque pendant votre carrière aucun reproche n'a été porté contre vous, et que le tribunal n'en avait aucun à vous adresser.

Je suis, etc.,

Signé LEBOBE,
Président du tribunal de commerce, membre de
la Chambre des Députés.

PIÈCE N° 22.

Lettres des juges du Tribunal de Commerce de la Seine (1).

LETTRE DE M. GAILLARD, PREMIER JUGE, PRÉSIDENT DE SECTION.

Monsieur,

Vous m'avez prié de vous donner, en mon nom personnel, une attestation écrite de la manière dont vous avez rempli vos fonctions d'agréé pendant le temps où j'ai eu l'honneur de faire partie du Tribunal de Commerce de la Seine. Je m'empresse, monsieur, de faire droit à votre demande, et de reconnaître que, pendant le temps écoulé depuis 1834 jusqu'au moment où vous avez résigné vos fonctions, je n'ai eu qu'à me féliciter des relations résultant naturellement de votre position d'agréé vis-à-vis de l'un des membres du tribunal. Je me plais à ajouter que, dans ma pensée, vous avez rempli avec zèle, dévoûment et habileté, vos laborieuses et pénibles fonctions, et je me rappelle, monsieur, que j'ai éprouvé un regret sincère en apprenant votre retraite prématurée.

Je désire, monsieur, que la présente puisse vous être utile, et je fais des vœux pour que vous obteniez le poste que vous sollicitez.

Je vous offre, etc.,

Signé F. GAILLARD.

PIÈCE N° 23.

Tribunal de commerce du
département de la Seine.

Paris, le 26 mai 1843.

LETTRE DE M. MOINERY, PRÉSIDENT DE SECTION.

Monsieur,

Je m'empresse de répondre à votre lettre de ce jour, et je me plais à vous témoigner ici que je n'ai jamais eu qu'à me louer des rapports que j'ai pu avoir avec vous pendant votre exercice des fonctions d'agréé que vous remplissiez près le Tribunal de commerce de la Seine ; que pendant plusieurs années je vous ai confié les affaires contentieuses que je pouvais avoir auprès du Tribunal, et que vous vous êtes toujours occupé avec zèle et capacité de mes intérêts.

Je serai heureux, Monsieur, que mon témoignage, qui n'est que l'expression de la vérité, puisse vous être de quelque utilité.

Veuillez agréer, etc.

Signé : MOINERY.

(1) Il m'eût été facile de me procurer un nombre bien plus considérable de lettres de juges du tribunal de commerce ou d'anciens juges. Je me suis borné aux juges en exercice, et encore n'ai-je pas eu le temps de faire toutes les démarches que je me proposais.

PIÈCE N° 24.

Paris, le 1er juin 1843.

LETTRE DE M. BAUDOT, PRÉSIDENT DE SECTION.

Monsieur,

Je regrette beaucoup de ne m'être pas trouvé chez moi lorsque vous avez pris la peine d'y venir.

C'est avec un véritable plaisir que je saisis l'occasion, en répondant à la lettre que vous m'avez fait l'honneur de m'écrire, de reconnaître la délicatesse, le zèle et l'intelligence avec lesquels je vous ai vu toujours exercer les importantes fonctions d'agréé près le Tribunal de commerce.

Cette opinion, je l'ai souvent exprimée à mes honorables collègues, qui, comme moi, vous rendaient pleine justice à cet égard ; je suis heureux de pouvoir vous donner ce témoignage personnel, persuadé qu'en quittant les fonctions d'agréé pour rentrer au barreau, vous ne pouvez qu'honorer cette profession.

Agréez, etc.

Signé : BAUDOT.

PIÈCE N° 25.

Tribunal de commerce
de la Seine.

Paris, le 25 mai 1843.

LETTRE DE M. BARTHELOT, JUGE.

Monsieur,

Ainsi qu'a dû vous l'écrire Monsieur le Président, le tribunal ne vous a pas délivré le certificat que vous avez demandé, par le seul motif qu'il n'est pas dans l'usage d'en donner ; sans cette circonstance, il se serait empressé de répondre à votre désir.

Mais je puis déclarer en mon nom personnel que, depuis mon entrée au tribunal, je vous ai toujours vu remplir vos fonctions d'une manière irréprochable, toujours avec convenance et souvent d'une manière distinguée.

J'ajouterai que, vous ayant chargé de quelques affaires, soit pour mes correspondans, soit pour moi, j'ai eu à me louer sous tous les rapports de vous avoir accordé ma confiance.

J'ai l'honneur, etc.

Signé : BARTHELOT.

PIÈCE N° 26.

LETTRE DE M. LEDAGRE, JUGE.

Paris, le 28 mai 1843.

Monsieur,

Je m'empresse de répondre à la lettre que vous m'avez adressée, et je désire de tout mon cœur que le concours de cette réponse contribue à aplanir les difficultés, incompréhensibles pour moi, que vous éprouvez dans votre nouvelle carrière.

J'atteste, Monsieur, que pendant ma première année de judicature, époque à laquelle j'ai eu l'honneur de vous connaître, je vous ai toujours vu remplir votre profession d'agréé d'une manière distinguée et convenable, et j'ajoute que je n'ai jamais rien recueilli des souvenirs de ceux de mes collègues, qui vous ont entendu plaider bien long-temps avant moi, qui puisse me faire varier dans la bonne opinion que j'ai conservée de vous.

Ceci, Monsieur, est de la bonne et simple vérité; j'apprendrais avec infiniment de plaisir qu'elle vous fût utile.

Agréez, etc.Signé LEDAGRE.

PIÈCE N° 27.

LETTRE DE M. HENRI AÎNÉ, JUGE.

Paris, le 26 mai 1843.

Monsieur,

En répondant à votre lettre, je ne crois pas vous donner mon attestation individuelle, mais bien celle de la grande majorité de mes collègues graves et observateurs assez bons pour juger l'homme à l'œuvre.

Pendant cinq années, non interrompues de mon service au tribunal, j'ai remarqué votre convenance dans la discussion, votre exactitude, votre probité, et enfin votre bienveillance pour les justiciables; je ne cesserai de vous attribuer ces qualités.

Recevez, etc.Signé HENRY AÎNÉ.

PIÈCE N° 28.

LETTRE DE MM. JACQUES LEFEBVRE ET COMPAGNIE (DÉPUTÉ),
ET LETTRE D'ENVOI DE M. FRANÇIS LEFEBVRE FILS, PRÉSIDENT DE SECTION
AU TRIBUNAL DE COMMERCE.

M. Françis Lefebvre a l'honneur de saluer M. Henri Nouguier et de lui adresser la déclaration qu'il a demandée. M. Lefebvre désire qu'elle puisse être utile à M. Nouguier.

Paris, le 26 mai 1843.

Selon le désir que nous en exprime M. Henri Nouguier, ancien agréé au tribunal de Commerce, nous déclarons que, dans le petit nombre d'occasions où nous avons employé son ministère, il a pleinement justifié notre confiance

Paris, le 26 mai 1843.

Signé JACQUES LEFEBVRE et Comp.

PIÈCE N° 29.

LETTRE DE M. SANSON-DAVILLIER.

Je, soussigné, certifie, tant comme associé de la maison J. Ch. Davillier et Cie que comme ancien juge au tribunal de Commerce de la Seine, que je n'ai jamais eu qu'à me louer de mes relations avec M. Henri Nouguier, ancien agréé au tribunal de Commerce; que c'est sur ma proposition que la clientèle de ma maison de commerce lui a été donnée; que c'est à ma recommandation qu'il a été choisi comme agréé des administrateurs des chemins de fer de Versailles (rive droite) et de Saint-Germain; et qu'il

n'a jamais cessé de mériter la confiance qui lui a été accordée. Je déclare, en outre, comme ancien juge au tribunal, que j'ai toujours conservé l'opinion la plus favorable de la conduite de M. Henri Nouguier, comme agréé, et du zèle, du dévoûment qu'il mettait à défendre les intérêts qui lui étaient confiés.

En foi de quoi je lui délivre le présent certificat pour valoir ce que de droit.

Signé SANSON-DAVILLIER.

Paris, le 27 mai 1843.

PIÈCE N° 30.

LETTRE DE M. ROUSSEL, ANCIEN JUGE.

Monsieur,

J'arrive à l'instant de Versailles où je suis resté quelques jours, et je trouve votre lettre. Je regrette de n'avoir pu y répondre plus tôt.

Dites-moi, je vous prie, ce que je puis faire pour vous être utile. Si quelques démarches sont nécessaires, si quelques attestations peuvent avancer vos affaires, disposez de moi. Je puis dire ce que vous-même vous n'osez avancer ; je puis affirmer que pendant quatre années, que j'ai eu l'honneur de faire partie du tribunal de Commerce, vous avez rempli vos devoirs avec tout le zèle, toute l'activité, la probité et la délicatesse désirables. Je me rappellerai toujours avec quel désintéressement vous avez bien voulu vous charger de défendre plusieurs justiciables, et un entre autres que je pourrais nommer, et qui, lui-même, l'attesterait avec empressement.

Je vous le répète, disposez de moi. Je suis tout à votre service. Je m'en ferai un grand plaisir.

Recevez, etc.,

Signé T. ROUSSEL.

2 juin 1843.

À l'époque [où s'est terminée] l'une des affaires [auxquelles la lettre de M. Roussel fait allusion, il me fit passer de son siége de juge, la note suivante, que j'ai conservée :

Les momens m'ont manqué pour aller vous exprimer combien je suis reconnaissant de votre procédé envers le brave D.... Recevez-en mes remercîmens par ce billet, jusqu'à ce que je puisse vous les exprimer de vive voix. Vous avez conquis à jamais la reconnaissance de D...., et vous avez confirmé la bonne opinion que j'avais de votre caractère. — Personne n'en sera surpris.

Signé ROUSSEL.

Paris, le 28 janvier 1843.

PIÈCE N° 31.

Rue Pinon, 2,
Hôtel de la marine.

LE JUGE DE PAIX DU DEUXIÈME ARRONDISSEMENT, A M. HENRI NOUGUIER, ANCIEN AGRÉÉ PRÈS LE TRIBUNAL DE COMMERCE (1).

Monsieur,

Ayant conservé bon et honorable souvenir des arbitrages amiables que j'ai eu l'hon-

(1) J'ai eu occasion deux fois seulement dans mes treize ans de carrière, de faire citer deux cliens ingrats en justice de paix, et deux fois ma demande m'a été accordée. J'en ai versé le montant, s'élevant à près de 200 fr. au Tronc des Pauvres. A la suite, et par d'au-

neur de vous adresser, et de l'époque où votre absence de Paris a dû cesser, j'ai l'honneur de vous prier de me faire connaître si véritablement vous êtes de retour, et toujours dans vos nobles dispositions comme par le passé.

Voulez-vous bien, monsieur, m'honorer d'un mot de réponse.

Agréez, etc.,

Signé LEBAT DE MAGNITOT.

Paris le 17 novembre 1841.

PIÈCE N. 32.

Le Comité d'association des artistes dramatiques.

À MONSIEUR NOUGUIER, AGRÉÉ PRÈS LE TRIBUNAL DE COMMERCE.

Monsieur,

Notre collègue Dubourjal nous a fait part du succès que vous aviez obtenu en sa faveur près le tribunal de Commerce. Il nous a appris en outre la conduite généreuse que vous avez tenue avec lui en ne voulant pas accepter d'honoraires.

Nous ne doutons pas qu'il ne vous ait déjà témoigné sa reconnaissance, comme c'était un devoir pour lui; mais le comité croit, dans ce cas, devoir vous remercier aussi, et c'est ce qu'il fait.

Permettez-nous aussi de vous dire combien nous sommes fiers d'avoir su choisir et nous attacher des hommes qui, comme vous, Monsieur, comprennent aussi bien l'association toute philanthropique à laquelle nous nous sommes dévoués mutuellement.

Recevez de nouveau, Monsieur, l'assurance des remercîmens sincères et de la parfaite considération de vos dévoués collègues.

Signé BARON TAYLOR, SINGIER, HENRY, ALBERT, LÉPEINTRE AÎNÉ, MOESSARD, DUBOURJAL, DÉLAISTRE.

PIÈCE N. 33.

Intervention de la Compagnie des agréés, représentée par sa chambre.

LETTRE DE HENRI NOUGUIER À LA COMPAGNIE DES AGRÉÉS PRÈS LE TRIBUNAL DE COMMERCE DE LA SEINE.

Messieurs et anciens confrères,

Vous savez que, nonobstant deux délibérations du Conseil de l'ordre des avocats à la cour de Cassation et au Conseil d'État, et nonobstant les difficultés de forme opposées dans ces délibérations à l'ancien stagiaire et à l'ancien agréé, j'ai été admis à poursuivre ma nomination d'avocat dans cet Ordre, par décision des Chambres assemblées de la Cour de Cassation, et à la presque unanimité.

Je poursuivais ma nomination au Ministère de la Justice, et je m'étonnais des lenteurs apportées à l'obtention de l'ordonnance royale, quand j'ai appris que l'on m'opposait des obstacles que je m'abstiens de qualifier. Je les résume en quatre mots.

Il a été articulé au ministre :

---

tres motifs encore honorables pour moi, divers juges de paix de Paris m'ont incessamment chargé de leur faire des rapports gratuits, sur des affaires commerciales portées devant eux, et concernant parfois mes propres confrères.

1º Que je n'ai été que l'homme de paille de la corporation des huissiers, qui me donnait 6,000 fr., je crois, par an, pour gérer ma charge d'agréé (ou, pour mieux dire, leur charge) dans leur intérêt ;

2º Que j'avais été l'introducteur des remises faites aux huissiers, remises que j'aurais élevées au-delà de toutes les proportions ;

3º Que j'ai été forcé de vendre ma charge par l'intolérabilité de la position que je m'étais faite parmi mes confrères ;

4º Que je n'ai jamais fait partie de ma chambre, et que l'on ne doit attribuer cette exclusion qu'à la manière déloyale dont j'exerçais ma profession.

Je fais taire, messieurs, mon indignation en écrivant des articulations semblables. Pour répondre à de pareilles calomnies, je n'hésite pas à m'adresser à vous-mêmes ; et vous ne ferez, par votre réponse, que compléter la manifestation éclatante qu'élèvent pour moi tous les présidens successifs du Tribunal de commerce, qui m'ont écrit les lettres les plus honorables, et les membres actuels du Tribunal qui m'adressent chaque jour de nouvelles et flatteuses attestations.

Je vous prie donc de vous expliquer tous, unanimement avec votre conscience, sur tous les points qui précèdent.

(Suivent des détails qui ne sont pour la plupart que la reproduction de ceux qui se rouvent dans ma lettre au Tribunal de commerce.)

PIÈCE N. 34.

La Chambre des agréés au tribunal de commerce de la Seine,

A MONSIEUR HENRI NOUGUIER, ANCIEN AGRÉÉ,

Monsieur, et ancien confrère,

Votre lettre du 30 mai 1843, adressée aux membres de la Compagnie des agréés (1) est parvenue à la Chambre par l'entremise de son Président.

La Compagnie, consultée sur votre réclamation, a pensé que la Chambre, en toutes circonstances, représentait la corporation, et qu'à ce titre elle devait connaître de votre demande.

Voici donc la réponse de la Chambre aux quatre questions que vous avez posées.

La Chambre déclare,

1º Que jamais il n'est arrivé à la connaissance de personne dans la Compagnie, ou des Chambres de discipline qui se sont succédé pendant votre exercice d'agréé, un fait ou même un indice qui ait porté à croire ou à supposer que vous fussiez le prête-nom ou l'agent salarié de M. Coupier, votre coïntéressé dans l'exploitation de votre cabinet, ou le prête-nom de toute autre personne placée derrière vous.

La moindre supposition de cette nature aurait provoqué une instruction et des investigations propres à faire ressortir la réalité des choses, et à en obtenir, le cas échéant, la répression immédiate.

2º Que vous n'êtes pas l'introducteur de l'usage des remises ; cet abus précédait votre entrée dans la Compagnie, et il n'a été supprimé que depuis quatre ans par le Tribunal (2).

(1) J'ai adressé ma lettre à la compagnie tout entière, afin d'interpeller chacun de ses membres, sur des faits dont quelques uns touchaient à la confraternité. C'est la chambre, rigoureuse observatrice des formes, ainsi qu'on le verra plus loin, qui me répond. Elle et moi nous avons fait ce que nous devions faire.

(2) L'usage de ces remises remontait à 1809. Il existait sans exception dans toutes les études

3° Il n'est pas à la connaissance de la Chambre, et rien ne saurait la porter à croire que vous vous soyez déterminé à résigner vos fonctions d'agréé en raison de ce que votre position parmi vos confrères vous serait devenue intolérable.

S'il est vrai que les relations de la plupart des agréés aient été plus froides avec vous, et que vous ne vous soyez pas trouvé placé sur un pied égal de bonne confraternité, la Chambre explique cette différence par l'état d'opposition où vous avez cru devoir vous placer à l'occasion d'une mesure qui avait été acceptée par la presque unanimité des membres de la corporation (1).

Quant au fait de n'avoir jamais été appellé à faire partie de la Chambre, il est impossible à la Chambre actuelle, comme il le serait à chacun des membres de la Compagnie, de l'expliquer, car il n'est donné à personne de pénétrer le secret des votes qui ont donné les résultats électifs (2).

Au reste, les membres de la Chambre des agréés déclarent que, vérification faite sur les registres, et renseignemens pris, il ne s'est élevé contre vous aucun reproche de déloyauté et d'indélicatesse dans l'exercice de vos fonctions pendant tout le temps que vous avez été attaché au barreau du Tribunal de commerce.

Les membres de la Chambre des agréés au Tribunal de commerce de la Seine,

Signé : BORDEAUX, président ; DURMONT, syndic ; SCHAYÉ, secrétaire.

PIÈCE N. 85.

A MONSIEUR LE GARDE DES SCEAUX, MINISTRE DE LA JUSTICE ET DES CULTES.

Monsieur le Ministre,

J'ai l'honneur de demander avec instance à Votre Excellence la justice qui m'est due, j'ose le dire. Voilà bientôt trois mois que les Chambres assemblées de la Cour de Cassation m'ont déclaré à la presque unanimité apte à poursuivre ma nomination auprès de Sa Majesté.

Une enquête administrative, que je ne pouvais que désirer, vient d'avoir lieu. Vous avez entendu tous les Présidens successifs du Tribunal de commerce de la Seine, M. Guibert-Laperrière, ancien agréé, homme du caractère le plus droit, le plus pur, M. Clayeux, qui a été si souvent syndic de la corporation des huissiers, et jouissant d'une réputation si honorable ; enfin M. Coupier, mon ancien collaborateur dans mes fonctions d'agréé, et qui jouit aussi de l'estime générale.

J'ai l'honneur, en outre, de vous remettre, sous ce pli, copie d'une lettre que j'ai adressée à mon ancienne compagnie, et sa réponse, qui ne laisse rien à désirer sur les

---

d'agréés. Dans le mémoire que j'ai fait en 1838 sur ce sujet, je disais : « Du reste, il faut le
» dire ici, cette remise, passée en usage, n'a pas été introduite par les agréés actuels ; elle
» était née bien avant nos anté-prédécesseurs, et il ne faut point, dans tous les cas, imputer
» aux agréés en exercice le tort de cette paternité. »

(1) La mesure d'extension de la bourse commune, au rejet de laquelle j'avais presque seul le plus grand intérêt.

(2) Rien à dire à cela ; ce scrupule est conforme aux vrais principes, mais la réponse est facile, avec les déclarations qui précèdent et qui suivent, et encore avec ce fait que M° Auger, l'homme le plus éminent qui ait appartenu au barreau du tribunal de commerce de la Seine, est sorti de sa compagnie sans avoir fait partie de la chambre, à cause du dissentiment où il s'était trouvé avec tous ses confrères sur la question d'associations dans les charges d'agréé, associations que les délibérations du tribunal, et l'usage qui s'en est suivi, ont depuis lors consacrées.

griefs articulés. J'ai l'honneur de vous remettre encore diverses lettres émanées de juges actuels du tribunal de commerce, et qui forment un ensemble complet avec celles que MM. les présidens m'ont délivrées.

Les chambres assemblées et presque unanimes de la cour de Cassation ;

Le tribunal de commerce précédent et actuel ;

La compagnie à laquelle j'ai appartenu ;

M. le Ministre des finances ;

M. le Gouverneur de la Banque de France ;

Tous ceux, enfin, qui ont pu me juger de plus près et avec le plus de sévérité ; tous ceux qui devaient renseigner Votre Excellence, n'ont eu qu'une même voix en ma faveur. La vôtre se fera-t-elle attendre ? — Permettez-moi de ne pas le craindre, mais d'espérer que je touche au moment de la justice.

J'ai l'honneur, etc.,

Signé HENRI NOUGUIER.

PIÈCE N. 36.

A M. LE GARDE DES SCEAUX, MINISTRE DE LA JUSTICE ET DES CULTES.

Monsieur le Ministre,

A l'heure où nous sommes, l'enquête administrative que Votre Excellence a fait faire, enquête si décisive et d'un résultat si honorable pour moi, n'a laissé debout aucune des objections qui s'étaient produites.

J'ai, toutefois, une prière à adresser à Votre Excellence. Dès l'origine de cette enquête, mon plus vif désir a été qu'aucun nuage ne pût s'élever contre moi, non seulement auprès de vous, monsieur le Ministre, mais aussi auprès de ceux qui ont provoqué cet examen.

Je vous supplie donc, M. le ministre, de me permettre, si vous pensez qu'en cela je ne blesse aucune convenance, de faire pénétrer au milieu du Conseil de l'Ordre la vive lumière qui vous a éclairé. En cela je donne une nouvelle preuve de tout le prix que j'attache à des relations de bonne confraternité.

Toutefois, que Votre Excellence veuille bien, si elle se rend à ce désir, prendre des mesures pour que mes rapports avec le Conseil aient lieu d'urgence. Trop de retards pèsent sur mon prédécesseur et sur moi, dans cette affaire, pour qu'il ne considère pas une prompte conclusion comme un acte de justice.

J'ai l'honneur, etc.　　　　　　Signé HENRI NOUGUIER (1).

PIÈCE N. 37.

A M. MOLINIER DE MONTPLANQUA, DOYEN DES AVOCATS AUX CONSEILS DU ROI, A LA COUR DE CASSATION.

Paris, le 13 juillet 1843.

Monsieur et respectable Doyen (2),

Il m'importe de faire constater par vous-même et par écrit, que vous me refusez

(1) A la suite de cette lettre, M. le garde des sceaux a écrit au Conseil de l'ordre pour provoquer sa réunion, mais en lui expliquant nettement qu'il ne s'agissait pas d'une épreuve, parce que je n'en avais plus à accomplir. Comme je me suis promis de me borner à la simple publication des pièces et de ne pas récriminer, je n'apprécierai pas ici ce qui s'est passé après mes explications officieuses.

(2) Je n'ai dû faire une semblable démarche qu'auprès du doyen de l'ordre, le seul qui le représente d'une manière permanente à défaut du Conseil.

votre assistance pour ma prestation de serment au Conseil-d'État et à la Cour de Cassation. Je ne saurais trop, d'ailleurs, désirer cette assistance, et me faire un devoir de vous la demander. L'appui de la justice ne me manquera pas pour y suppléer au besoin, mais son intervention me laisserait regretter l'absence de votre concours.

J'ai l'honneur, etc.   Signé HENRI NOUGUIER.

PIÈCE N. 38.

A MONSIEUR LE GARDE DES SCEAUX, MINISTRE DE LA JUSTICE.

Paris, 12 juillet 1843.

Monsieur le Ministre,

J'ai eu l'honneur de me présenter chez M. Molinier de Montplanqua, doyen des avocats aux conseils du Roi et à la cour de cassation, pour savoir de lui, si, le conseil de l'ordre ayant donné sa démission, je devais compter sur son assistance de doyen pour ma prestation de serment devant le Conseil d'État et la Cour.

M. le doyen m'a répondu d'une manière négative.

J'ai l'honneur d'en donner avis à V. E., et de la supplier d'employer sa haute intervention pour que je puisse prêter mon serment, au besoin, sans assistance d'aucun membre de l'ordre, et sur le simple dépôt de mes pièces, à la plus prochaine audience du Conseil d'Etat et de la Cour.

J'ai l'honneur, etc.

Signé : HENRI NOUGUIER.

M. le Garde des sceaux a donné des instructions dans ce sens, comme chef de la justice et président du Conseil d'état, à M. le vice-président Girod de l'Ain; et, comme chef de la justice, à M. le procureur général près la Cour de Cassation.

J'ai prêté serment, sans assistance d'avocat, le 15 juillet, devant le Conseil d'état; le 17 juillet, devant la Cour de Cassation.

HENRI NOUGUIER,

IMPRIMERIE LANGE LÉVY ET COMP., RUE DU CROISSANT